La Constitución de EE. UU. y tú

Shelly Buchanan, M.S.Ed.

Asesora

Caryn Williams, M.S.Ed.
Madison County Schools
Huntsville, AL

Créditos de imágenes: págs. 27 (arriba), 32 Michael Ventura/Alamy; págs. 26–27 Rick Bowmer/Associated Press; págs. 12–13 Ron Edmonds/Associated Press; pág. 23 Bettmann/Corbis; pág. 9 (fondo) Archive Photos/ Getty Images; pág. 24 Dirck Halstead/Time & Life Pictures/ Getty Images; pág. 17 (izquierda) Time & Life Pictures/ Getty Image; págs. 2–3 Visions of America/Universal Images Group/Getty Images; pág. 8 (arriba) The Granger Collection, NYC/The Granger Collection; págs. 13 (arriba), 17 (derecha) Stock; 5 (arriba) LOC, LC-DIG-highsm-15690, pág. 5 (abajo) LOC, LC-DIG-highsm-15716, pág. 6 (derecha) LOC, LC-USZ62-59464, pág. 7 LOC, LC-USZC4-2912; pág. 10 (todas) LOC, rbpe.1780260 The Library of Congress; pág. 21 (arriba) CNP/Polaris/ Newscom; pág. 21 (abajo) Jerod Harris/ZUMA Press/ Newscom; pág. 20 (izquierda) Michael Reynolds/EPA/ Newscom; págs. 5–6 (fondo), 28 (arriba) The U.S. National Archives; págs. 6 (izquierda), 18 (ambas) North Wind Picture Archives; pág. 10 (ambas); págs. 4, 8 (abajo), 9 (arriba), 11 (arriba), 16 (todo), 20 (derecha), 22 Wikimedia Commons; todas las demás imágenes pertenecen a Shutterstock.

Teacher Created Materials

5301 Oceanus Drive
Huntington Beach, CA 92649-1030
http://www.tcmpub.com
ISBN 978-1-4938-0593-8
© 2016 Teacher Created Materials, Inc.

Índice

Una gran palabra

Probablemente, has escuchado la palabra *constitución*, pero quizás no conozcas el significado. Es una gran palabra. También es una palabra importante. Una constitución es el conjunto de las reglas principales de un grupo. También explica cómo está organizado un grupo. A veces, informa sobre las creencias de un grupo. También puede indicar lo que debe hacer un grupo.

Las personas redactan constituciones para asegurarse de que todo funcione bien. Por lo general, son unos pocos miembros de un grupo quienes redactan la constitución. Luego, los miembros del grupo votan al respecto. Muchos tipos de grupos tienen constituciones. Algunos clubes o salones de clases las tienen. Los países también tienen constituciones.

La Constitución de EE. UU. contiene las pautas para gobernar nuestro país. Es el principal conjunto de leyes para Estados Unidos. Establece cómo funciona nuestro gobierno y enumera nuestros derechos. Los derechos son las cosas que se nos debe permitir hacer o tener. ¡La historia detrás de la Constitución de EE. UU. es interesante!

En el Salón de los Firmantes en Filadelfia se pueden ver estatuas de tamaño natural de los 42 hombres que firmaron la Constitución de EE. UU.

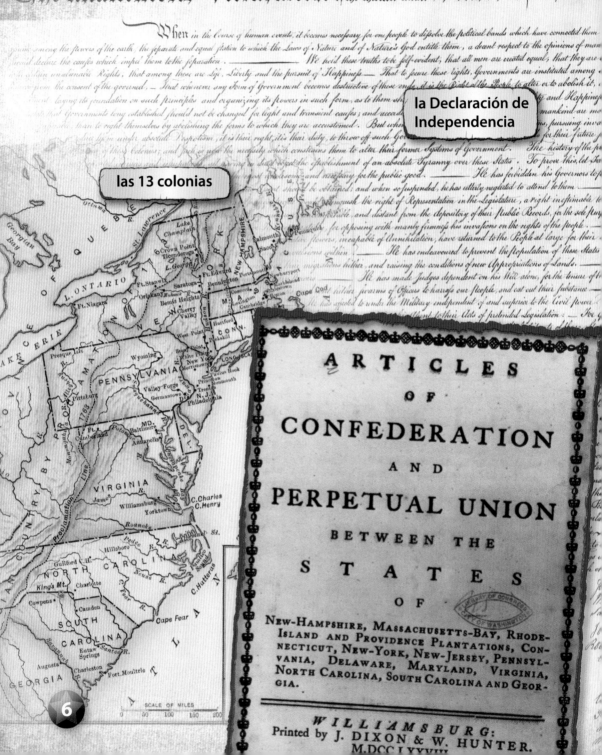

IN CONGRESS, JULY 4, 1776.

The unanimous Declaration of the thirteen united States of America

la Declaración de Independencia

las 13 colonias

ARTICLES

OF

CONFEDERATION

AND

PERPETUAL UNION

BETWEEN THE

STATES

OF

NEW-HAMPSHIRE, MASSACHUSETTS-BAY, RHODE-ISLAND AND PROVIDENCE PLANTATIONS, CONNECTICUT, NEW-YORK, NEW-JERSEY, PENNSYLVANIA, DELAWARE, MARYLAND, VIRGINIA, NORTH CAROLINA, SOUTH CAROLINA AND GEORGIA.

WILLIAMSBURG:
Printed by J. DIXON & W. HUNTER.
M.DCC.LXXVIII.

6

Nace una nación

Antes de la Constitución de EE. UU., Estados Unidos estaba formado por 13 **colonias**. Los líderes de estas colonias querían unirse para formar un nuevo país. Entonces, redactaron la Declaración de Independencia. Esta declaraba que las colonias querían ser libres del dominio de Gran Bretaña. Decía que este nuevo país se llamaría Estados Unidos de América.

Entonces, los líderes de Estados Unidos crearon un plan llamado **Artículos de la Confederación**. Decía que las colonias se unirían como estados. Cada estado creó su propio dinero. Y cada uno dictó sus propias leyes. Pero este plan no estaba bien organizado. La unión de los estados no tenía la solidez suficiente.

El nuevo gobierno era débil. No había líder para guiarlo. No podía cobrar **impuestos**. Sin el dinero de los impuestos, Estados Unidos no podría crear un ejército. ¿Qué haría ante el ataque de un enemigo? Los estadounidenses sabían que necesitaban un gobierno más fuerte.

La lucha por la libertad

Las colonias combatieron en una guerra contra Gran Bretaña por su independencia, o libertad. Esta guerra se conoce como *Revolución estadounidense*. En 1783, Estados Unidos ganó la guerra. ¡Era un país libre!

En 1787, los líderes de los estados decidieron reunirse en Filadelfia. Los líderes de los estados que se reunieron se llamaron **delegados**. Hablaban en nombre de las personas de sus estados. Esta reunión se conoció como la *Convención Constitucional*. Duró cuatro meses. Los delegados hablaron de ideas y normas para el país. No siempre estaban de acuerdo entre sí. Sin embargo, estuvieron de acuerdo en que se necesitaba un gobierno más fuerte. ¿Pero qué tan fuerte debía ser?

Los delegados debaten sobre la Constitución.

Los delegados también querían encontrar a un líder para el país. Este líder estaría a cargo de un ejército. Los delegados querían que hubiera alguien a cargo, pero no un rey. Acababan de pelear una guerra contra Gran Bretaña para liberarse del rey Jorge III. No querían reemplazar el rey británico por un rey estadounidense. No querían que una persona tuviera demasiado poder en el nuevo país.

rey Jorge III

La Constitución de Estados Unidos se firmó en el Independence Hall en Filadelfia.

George Washington

¿Rey o presidente?

Los estadounidenses querían tener un presidente en lugar de un rey. A diferencia de un rey, las personas votan por los presidentes. Y mientras los reyes gobiernan de por vida, los presidentes cambian con el paso de los años.

¿Quién tiene el poder?

Los delegados tenían muchas ideas sobre cómo resolver los problemas del país. Algunos querían mantener los Artículos de la Confederación. Pensaban que solamente necesitaban pequeños cambios. Estos hombres no querían que el gobierno tuviera demasiado poder. Les preocupaba que no escuchara a las personas y que llevaría a otro rey. Querían que cada estado continuara creando sus propias leyes.

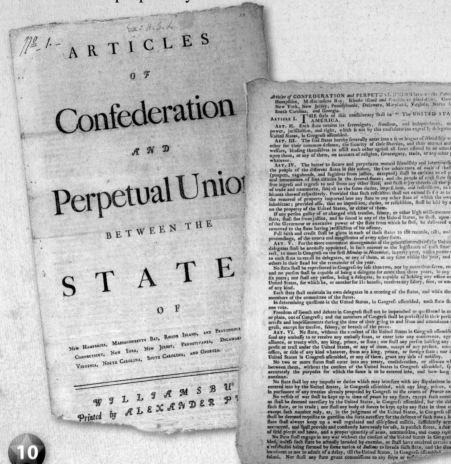

Otros delegados creían que el país necesitaba un nuevo plan. Ellos abogaban por un gobierno más fuerte que tuviera poder sobre los estados. Un delegado llamado James Madison tuvo una idea. Necesitaban tres partes, o ramas, del gobierno que trabajaran juntas. Habría una rama ejecutiva. Esta sería la presidencia. Habría una rama legislativa. Esta sería el Congreso. Y la tercera parte sería la rama judicial. Esta sería el sistema de tribunales de la nación.

La Corte Suprema en Washington D. C. es el tribunal máximo de Estados Unidos.

James Madison

El presidente Obama habla ante el Congreso.

La mayoría de los delegados estuvieron de acuerdo con partes del plan de Madison. Les gustaba la idea de las tres ramas. Pero no estuvieron de acuerdo con la cantidad de delegados de cada estado que formaría parte del Congreso. Los estados grandes querían que el número de delegados se basara en la **población**. Los estados pequeños decían que cada estado debía tener el mismo número de delegados.

Entonces, los líderes hicieron un trato. Se conoce como el Gran **Compromiso**. La rama legislativa incluiría dos partes. Estas son la Cámara de Representantes y el Senado. Cada estado enviaría dos delegados al Senado. Cada estado también enviaría delegados a la Cámara. Pero ese número se basaría en la población. Con estos cambios, los líderes estuvieron de acuerdo con el plan de Madison.

La votación para la presidencia

Primero, las personas votan. El ganador de cada estado recibe una cierta cantidad de votos electorales. Cuanto más grande es el estado, mayor cantidad de votos electorales tiene. Luego, se cuentan los votos electorales. La persona con mayor cantidad de votos electorales se convierte en presidente.

Los votantes elegirían un presidente. Este lideraría la rama ejecutiva. Los estados entonces podrían **elegir** los delegados de la rama legislativa. Estos redactarían las leyes para el país. La rama judicial se aseguraría de que las personas cumplieran con estas leyes. ¡Así nació la Constitución de EE. UU.!

Una unión más perfecta

La Constitución de EE. UU. está compuesta de tres partes. La primera parte se llama **preámbulo**. La segunda parte incluye los siete artículos. Y la tercera parte enumera las **enmiendas**.

Esta estatua representa la justicia.

Los soldados nos mantienen seguros y protegen nuestra libertad y autonomía.

El preámbulo

El preámbulo tiene solamente 52 palabras. Explica los motivos de nuestra Constitución. Comienza con la frase "Nosotros, el Pueblo". Esto significa que el pueblo está a cargo del país. También dice que el objetivo es "formar una unión más perfecta". Esto significa que el país trabajará en conjunto para mejorar. Y establece que nuestro país promueve la **justicia**. Por eso, las leyes serán justas para todos en Estados Unidos. El preámbulo también habla sobre el mantenimiento de la paz. El gobierno protegerá al pueblo ante el ataque de un enemigo. Mantendrá a todos seguros. Por último, dice que el gobierno trabajará para brindar **libertad** a todos los estadounidenses. Esto significa que el pueblo de Estados Unidos será libre.

Los siete artículos

Los siete artículos constituyen el cuerpo principal de la Constitución de EE. UU. Explican cómo debe funcionar el gobierno. Enumeran las normas para elegir a las personas. Describen cómo se elige a un presidente o senador para ocupar un cargo. Los artículos también explican las funciones de las tres ramas del gobierno.

John F. Kennedy jura como el 35.º presidente de Estados Unidos.

Las enmiendas

Los delegados sabían que Estados Unidos crecería. Se enfrentaría a nuevos problemas. Pero no querían que cambiaran los principales valores del país. Estados Unidos siempre representaría la justicia y la libertad. Pero los delegados sabían que a veces sería necesario cambiar la Constitución de EE. UU. Tendría que modificarse para resolver problemas nuevos. Por eso incluyeron una manera de hacer cambios. Estos cambios son las enmiendas.

Las primeras 10 enmiendas se llaman *Carta de Derechos*. Establecen que los estadounidenses pueden decir lo que piensan. Pueden creen en cualquier religión que elijan. La Carta de Derechos se asegura de que las personas reciban un trato justo.

Las personas se reúnen en Washington D. C. para celebrar.

Creada para durar

La Constitución de EE. UU. es la constitución más antigua del mundo. Muchas personas creen que ha durado tanto tiempo porque puede cambiarse. Se ha modificado 27 veces.

Las tres ramas

Tener el gobierno dividido en tres ramas evita que cada parte tenga demasiado poder. Cada rama tiene tareas diferentes para hacer. Las ramas se equilibran entre sí y mantienen el gobierno en funcionamiento sin problemas.

Rama legislativa

La rama legislativa redacta leyes para Estados Unidos. Está formada por dos grupos. Incluye la Cámara de Representantes y el Senado. Estos dos grupos forman el Congreso. El Congreso habla en nombre del pueblo. Los estadounidenses de cada estado eligen a los miembros del Congreso.

moneda colonial

Antes de que se escribiera la Constitución de EE. UU., cada estado usaba una moneda diferente. Esto dificultaba los negocios entre los estados. La Constitución de EE. UU. le permite al Congreso redactar leyes sobre la moneda. Así, el Congreso logró que todos los estados usaran la misma moneda. Esto simplificó las actividades de compra y venta entre las personas de un estado a otro.

El Congreso también tiene otros poderes. Es posible que un presidente quiera ir a una guerra. Pero solamente el Congreso puede decidir si Estados Unidos va a una guerra. De esta manera, el presidente no tiene todo el poder. Muchos líderes tienen que estar de acuerdo antes de que el país pueda ir a la guerra.

El Congreso se reúne en el edificio del Capitolio de EE. UU. en Washington D. C.

La rama ejecutiva

Los delegados no querían que un rey gobernara Estados Unidos. Por eso, la Constitución de EE. UU. dice que un presidente debería estar a cargo del país. Este está a cargo de la rama ejecutiva. Esta rama aprueba nuevas leyes. También las puede rechazar o **vetar**. Se asegura de que se cumplan las leyes. El presidente toma decisiones importantes para Estados Unidos.

El presidente se desempeña también como comandante en jefe. Esto significa que está a cargo de las fuerzas armadas. Estos son nuestros soldados que combaten en las guerras. Mantienen seguro el país. El presidente también se reúne con otros líderes del mundo. Celebran acuerdos entre sí. Tratan de mantener la paz en el mundo.

La Constitución de EE. UU. también requiere que haya un vicepresidente. Este también se reúne con otros líderes. El vicepresidente se hace cargo si le ocurre algo al presidente.

El presidente Obama aprueba una nueva ley.

El presidente George H. W. Bush se reúne con líderes militares en 1990.

¡Muchos trabajadores!

Más de cuatro millones de estadounidenses trabajan para la rama ejecutiva. Muchos de ellos trabajan en las fuerzas armadas.

Rama judicial

La tercera rama del gobierno busca la imparcialidad. Esta es la rama judicial. Está formada por la Corte Suprema y otros tribunales **federales**. Las personas que prestan servicio en los tribunales se llaman jueces. Estos explican el significado de las leyes. Deciden cuándo las personas han infringido las leyes. También deciden cómo se debe sancionar a las personas por infringir la ley.

La Corte Suprema es el tribunal máximo de Estados Unidos. Los jueces de la Corte Suprema se llaman **magistrados**. Hay nueve magistrados en la Corte Suprema. Este tribunal escucha casos sobre los significados de las leyes. Los magistrados se aseguran de que las leyes cumplan con la Constitución de EE. UU. Si una ley va en contra de la Constitución de EE. UU., entonces se rechaza.

nueve magistrados de la Corte Suprema

Thurgood Marshall (centro) de pie frente a la Corte Suprema antes de un caso. Más adelante, él se convirtió en el primer magistrado afroamericano de la Corte Suprema.

La Corte Suprema es un lugar atareado. Los magistrados revisan muchos casos grandes cada año. Escuchan ambas partes de los problemas y toman decisiones importantes. Las decisiones que toman los magistrados son definitivas. Se convierten en ley.

Controles y contrapesos

Hay tres ramas para asegurarse de que nuestro país funcione sin problemas. Cada rama se asegura de que las otras ramas sean justas. Esto evita que una rama tenga demasiado poder. Este sistema se llama *controles y contrapesos*.

Ambas partes del Congreso deben estar de acuerdo para aprobar un **proyecto de ley**. Un proyecto de ley es una idea para una nueva ley. Más de la mitad de los miembros de ambas cámaras deben votar a favor del proyecto de ley.

El presidente debe estar de acuerdo con todos los proyectos de ley que el Congreso desee aprobar. Si el presidente no está de acuerdo, entonces puede vetarlo o rechazarlo. Si el presidente está de acuerdo, lo firma y el proyecto de ley se convierte en ley.

Por último, la Corte Suprema debe acordar que la ley no vaya en contra de la Constitución. Si lo hace, entonces la ley se rechazará. Los delegados querían asegurarse de que se involucrara a las tres ramas. Esto mantiene el poder equilibrado. Ninguna persona o grupo puede gobernar el país solo.

El presidente Gerald Ford firma un proyecto de ley en 1974 que convierte el 26 de agosto en el Día de la Igualdad de la Mujer.

RAMA EJECUTIVA

Controla a la rama judicial:
- Designa jueces federales

Controla a la rama legislativa:
- Puede proponer leyes
- Puede vetar leyes
- Puede solicitar sesiones especiales del Congreso

El presidente hace cumplir la ley

Controla a la rama ejecutiva:
- Puede declarar inconstitucionales algunas medidas ejecutivas

Controla a la rama ejecutiva:
- Puede anular un veto
- Puede declarar la guerra
- Puede destituir al presidente

RAMA JUDICIAL

Controla a la rama judicial:
- Puede destituir jueces
- Puede invalidar decisiones judiciales
- Aprueba las designaciones de jueces federales

RAMA LEGISLATIVA

La Corte Suprema interpreta la ley

Controla a la rama legislativa:
- Puede declarar inconstitucionales las medidas del Congreso

El Congreso redacta la ley

La Constitución y tú

Puedes compartir tus pensamientos libremente. Puedes creer en cualquier cosa que desees. Puedes practicar la religión que desees. Tienes derecho a recibir un trato justo. Puedes hacer todo esto en Estados Unidos gracias a la Constitución de EE. UU.

Eres parte de nuestro gobierno. Puedes dar tu opinión cuando consideres que ocurre algo injusto. Un día, podrás votar. Tu voto ayudará a elegir a nuestros líderes. También ayudará a decidir qué leyes se aprobarán. Pagarás impuestos que ayudarán al gobierno a administrar el país. Ayudarás a apoyar la Constitución de EE. UU.

Esta familia observa la Constitución de EE. UU. en Washington D. C.

La Constitución de EE. UU. es un documento importante. Nos da nuestros derechos. Asegura que recibamos un trato justo y respetuoso. El preámbulo promete estos derechos a todos los estadounidenses. Debemos cumplir con las leyes y tratar a las personas con respeto. Si lo hacemos, nosotros, el pueblo, ¡podemos hacer de Estados Unidos un gran lugar!

¡Enmiéndala!

Los delegados sabían que Estados Unidos crecería y cambiaría. Entonces, se aseguraron de que la Constitución de EE. UU. se pudiera cambiar. Se pueden agregar enmiendas para resolver nuevos problemas. Piensa en un problema que afecte a nuestro país en la actualidad. Luego, redacta una enmienda para la Constitución de EE. UU. que ayudará a resolver ese problema.

La Decimonovena Enmienda les dio a las mujeres el derecho a votar.

Sixty-sixth Congress of the United States of America;

At the First Session,

Begun and held at the City of Washington on Monday, the nineteenth day of May, one thousand nine hundred and nineteen.

JOINT RESOLUTION

Proposing an amendment to the Constitution extending the right of suffrage to women.

Resolved by the Senate and House of Representatives of the United States of America in Congress assembled (two-thirds of each House concurring therein), That the following article is proposed as an amendment to the Constitution, which shall be valid to all intents and purposes as part of the Constitution when ratified by the legislatures of three-fourths of the several States.

"ARTICLE _____.

"The right of citizens of the United States to vote shall not be denied or abridged by the United States or by any State on account of sex.

"Congress shall have power to enforce this article by appropriate legislation."

F. H. Gillett

Speaker of the House of Representatives.

Thos. R. Marshall

Vice President of the United States and President of the Senate.

Esta niña escribe una lista de problemas que desea solucionar.

la Casa Blanca

Glosario

Artículos de la Confederación: el primer conjunto de leyes de Estados Unidos, anterior a la Constitución

colonias: áreas gobernadas por otro país

Compromiso: una forma de llegar a un acuerdo en la que cada grupo renuncia a algo que desea

delegados: personas elegidas para votar o actuar en nombre de otros

elegir: escoger mediante el voto

enmiendas: cambios a las palabras o los significados de una ley o documento

federales: relacionados con el gobierno central

impuestos: una cantidad de dinero que las personas le pagan al gobierno

justicia: el proceso mediante el cual se usan las leyes para decidir justamente

libertad: el estado de las personas que pueden actuar y hablar libremente

magistrados: jueces de la Corte Suprema

población: la cantidad de personas que viven en un lugar

preámbulo: una declaración que se realiza al principio de algo y que da los motivos para lo que sigue

proyecto de ley: una descripción por escrito de una nueva ley

vetar: rechazar oficialmente

Índice analítico

¡Tu turno!

El cambio es bueno

Se han realizado 27 cambios a la Constitución de EE. UU. Cada enmienda se realizó con un motivo. Ayudaron a que nuestro país fuera mejor. Investiga una enmienda. Redacta un párrafo donde expliques por qué crees que se agregó a la Constitución.